BEI GRIN MACHT SICH IHR WISSEN BEZAHLT

- Wir veröffentlichen Ihre Hausarbeit, Bachelor- und Masterarbeit

- Ihr eigenes eBook und Buch - weltweit in allen wichtigen Shops

- Verdienen Sie an jedem Verkauf

Jetzt bei www.GRIN.com hochladen und kostenlos publizieren

Bibliografische Information der Deutschen Nationalbibliothek:

Die Deutsche Bibliothek verzeichnet diese Publikation in der Deutschen Nationalbibliografie; detaillierte bibliografische Daten sind im Internet über http://dnb.d-nb.de/ abrufbar.

Dieses Werk sowie alle darin enthaltenen einzelnen Beiträge und Abbildungen sind urheberrechtlich geschützt. Jede Verwertung, die nicht ausdrücklich vom Urheberrechtsschutz zugelassen ist, bedarf der vorherigen Zustimmung des Verlages. Das gilt insbesondere für Vervielfältigungen, Bearbeitungen, Übersetzungen, Mikroverfilmungen, Auswertungen durch Datenbanken und für die Einspeicherung und Verarbeitung in elektronische Systeme. Alle Rechte, auch die des auszugsweisen Nachdrucks, der fotomechanischen Wiedergabe (einschließlich Mikrokopie) sowie der Auswertung durch Datenbanken oder ähnliche Einrichtungen, vorbehalten.

Impressum:

Copyright © 2010 GRIN Verlag, Open Publishing GmbH
Druck und Bindung: Books on Demand GmbH, Norderstedt Germany
ISBN: 9783668288423

Dieses Buch bei GRIN:

http://www.grin.com/de/e-book/285600/die-neue-frau-der-weimarer-republik-in-gabriele-tergits-roman-kaesebier

Meropi Karpatsi

Die "neue Frau" der Weimarer Republik in Gabriele Tergits Roman "Käsebier erobert den Kurfürstendamm"

Rollen, Bilder und Projektionen der Frau

GRIN Verlag

GRIN - Your knowledge has value

Der GRIN Verlag publiziert seit 1998 wissenschaftliche Arbeiten von Studenten, Hochschullehrern und anderen Akademikern als eBook und gedrucktes Buch. Die Verlagswebsite www.grin.com ist die ideale Plattform zur Veröffentlichung von Hausarbeiten, Abschlussarbeiten, wissenschaftlichen Aufsätzen, Dissertationen und Fachbüchern.

Besuchen Sie uns im Internet:

http://www.grin.com/

http://www.facebook.com/grincom

http://www.twitter.com/grin_com

Inhalt

1. Einleitung 2
2. Projektionen der Frau 3
   - 2.1 Aus der Sicht der Männer 3
   - 2.2 Aus der Sicht der Frauen 4
3. Frauentypen 5
   - 3.1 Die Berlinerin 5
   - 3.2 Das Girl 6
   - 3.3 Die Garçonne 7
   - 3.4 Die Kurfürstennutte 8
   - 3.5 Die Doktorin 9
   - 3.6 Die Tochter 11
   - 3.7 Die Damen der „guten Gesellschaft" 12
     - 3.7.1 Die überdrüssige Ehefrau 12
     - 3.7.2 Die repräsentierende Ehefrau 12
4. Schluss 13
5. Literaturverzeichnis 14

1. Einleitung

Es gibt verschiedene Frauentypen in der Weimarer Republik, die eine wichtige Rolle in der Gesellschaft dieser Zeit spielen. Das Bild[1] der „neuen Frau" entsteht und beeinflusst nicht nur die Arbeitswelt, aber auch das Alltagsleben. Dieses Bild bezieht sich hauptsächlich auf ihre äußere Erscheinung. Es ist die Projektion[2] auf die anderen und was sie von dem neuen Frauentyp sehen, mit dem wir uns im Folgenden beschäftigen werden. Die Sichtweise der Männer und der Eindruck, den diese „neuen Frauen" auf sie bewirken, ist wichtig zu erwähnen und sowohl auch der Eindruck auf die anderen Frauen. Die „neue Frau" besteht nicht aus einem Frauentyp, sondern aus vielen. Wir werden uns nicht nur dem bekanntesten Frauentyp, der Garçonne annähern, sondern auch viele andere Typen, wie zum Beispiel das Girl, analysieren.

> Diese „neue Frau" stellte nicht das Luxusgeschöpf aus gehobenen Gesellschaftsschichten späterer Jahre dar, sondern sie „stellte ihren Mann", d.h. sie übernahm neue Aufgaben in der Gesellschaft und in der Arbeitswelt in stellvertretender, zeitlich bis zum Kriegsende befristeter Funktion.[3]

Anhand des Romans *Käsebier erobert den Kurfürstendamm* von Gabriele Tergit, werden wir uns mit diesen „neuen Frauen" beschäftigen und die Situationen und die Verhältnisse erläutern, in denen sie zu dieser Zeit leben. Tergit lässt in ihrem Roman „verschiedene Typen der „neuen Frau" Revue passieren, die alle mehr oder minder desillusioniert den Widerspruch zwischen Bild und Wirklichkeit konstatieren."[4] Auch die Rollen, Bilder und Projektionen der Frau werden wir mithilfe von Beispielen verdeutlichen. Das „Image"[5] ist diesen Frauen sehr wichtig, besonders weil der Roman im Berlin der „Goldenen Zwanziger" spielt. Somit gibt uns der Roman eine gute Darstellung, die sich jedoch nicht nur auf die Arbeitsverhältnisse, sondern auch auf die persönlichen Verhältnisse dieser Frauen bezieht. Ihre Einstellungen zur Liebe und Gesellschaft sind Faktoren, die im Roman eine große Rolle spielen und die wir anschließend an manchen Frauentypen auch behandeln werden.

---

[1] Abbild, bzw. dass was nach außen gezeigt wird.
[2] Abbildung auf einer Ebene, bzw. dass was andere sehen.
[3] Kluge (2006: 142).
[4] Deutsche Literaturgeschichte (2001: 405).
[5] Das Bild, die Vorstellung vom Wesen und den Eigenschaften einer Sache, Person, Gruppe oder Institution.

2. Projektionen der Frau

2.1 Aus der Sicht der Männer

Das Bild, was die Männer vor sich haben, wenn sie von Frauen sprechen oder über sie denken, konzentriert sich hauptsächlich auf ihr Äußeres. Da dies den Frauen bewusst ist, legen sie sehr viel Wert darauf, ein gutes Image in der Gesellschaft zu haben. Für Männer, wie Dr. jur. Reinhold Kaliski ist die „neue Frau" sehr begehrenswert wegen ihres Aussehens, denn er bezeichnet sie als „fabelhafte[s] Mädchen" und dass er „[ihr] Knabenhaftes sehr gern [hat]" (K[6] 105). Für andere Männer, wie Oppenheimer ist dieser neue Frauentyp nicht so bewundernswert, weil er zu schlank und nicht als Hausfrau fähig ist (vgl. K 105).

„Frauen nehmen die von ihnen entworfenen Bilder als eigene an, versuchen sich daran auszurichten und reproduzieren damit ein Verständnis von Weiblichkeit, das doch nur männliche Projektion ist."[7] Diese Beschreibung von Inge Stephan lässt uns erkennen, dass Frauen sich nach einem von Männern geschaffenen Bild richten und dass die Entstehung der „neuen Frau" sich die männliche Projektion zum Vorbild macht. Aus diesem Grund wird die zuvor herrschende Weiblichkeit, in Bezug auf den Körper, die Kleidung, die Frisur und die Arbeitstätigkeit, von einem neuen Bild ersetzt. Die Garçonne und das Girl machen ihren Eintritt und werden entweder von den Männern dieser Zeit bewundert oder verachtet. Die Einstellung der Männer hängt auch davon ab welche Bildung sie haben, da es in der Weimarer Republik sehr viele gebildete Frauen gibt, die sich nichts von Männern gefallen lassen. Ein Argument, dass erwähnenswert ist, stammt von Herrn Muschler, der studierte Frauen ganz „gräßlich" findet und deshalb auch begreift, warum niemand die Fräulein Dr. Kohler will (vgl. K 111). Der wahre Grund ist jedoch, dass ihre Intelligenz und Wortgeschicklichkeit seiner weit voraus ist, und eben diese Situation ihn unbehaglich macht. Zu diesem Zeitpunkt ist Fräulein Dr. Kohler aber nicht die „neue Frau", da sie vom Aussehen her noch etwas fülliger ist und längere Haare hat.

Dieses Aussehen ist schließlich auch der Ausgangspunkt des nächsten Arguments von Oppenheimer, den es hier nicht interessiert in welcher finanziellen Lage sich das

---

[6] Tergit (2004): Käsebier erobert den Kurfürstendamm.
[7] Stephan (2000: 18).

Fräulein befindet. Für ihn ist, wie auch für viele andere Männer, das Äußere wichtiger und deshalb charakterisiert er sie als „Schönes Mädchen [...] Gut durchgewachsen und knusprig." (K 106).

„Männlichkeit meint [...] das herrschende Prinzip *und* die Existenzweise eines Subjekts. Die Frau [...] *verkörpert* Weiblichkeit, d.h. ihr Körper ist als Ort der Weiblichkeit in der männlichen Ordnung definiert und fixiert."[8] Hiermit kann die Frau in den Augen einiger Männer nur als Frau gelten kann, wenn sie auch die weiblichen Züge und die langen Haare hat. Für Oppenheimer machen die männlichen und weiblichen Merkmale, die die „neue Frau" in unserem Roman besitzt sie zwar androgyn, aber nicht *Frau*[9] genug für ihn.

2.2 Aus der Sicht der Frauen

„Die Frau ist müde geworden, das Ideal des Mannes zu sein, der zur Idealisierung nicht mehr die rechte Kraft hat, und hat es übernommen sich ihr eigenes Wunschbild auszudenken."[10] Nach dieser Erkenntnis von Robert Musil können wir davon ausgehen, dass die Sicht der Frauen nicht ähnlich sein wird mit deren der Männer. Bei den Frauen sind die Eindrücke, die der neue Frauentyp bei ihnen hinterlässt, anders beschrieben, denn Frauen haben ein anderes Gefühl und eine andere Art diese Eindrücke zu bestimmen.

So ist zum Beispiel die Sexualität, die die „neue Frau" ausstrahlt, ein wichtiger Faktor. Dieser wird hauptsächlich durch die Kleidung übertragen, welche im Roman eine sehr große Rolle spielt. Frau Muschler ist in eine Situation versetzt worden, in der ihre Sichtweise uns eine gute Beschreibung des neuen Frauentyps bietet. Sie charakterisiert nämlich die äußere Erscheinung der Garçonne und des Girls mit einem exzellenten Ausdruck: „Eine Frau allein ist immer schön. Aber viele, das bietet Schwierigkeiten. [...] Aber dort übertraf die schwarztaftene Messalina Käte sie weit, und gar erst der hellblau gerüschte Tüllampion Hannelore!" (K 99) Frau Muschler verbindet Käte und Hannelore mit deren Kleidung und aus diesem Grund werden diese Frauen auch als Kleidungsstücke charakterisiert. Das was Käte und Hannelore so bezaubernd macht ist auch, dass die Hälfte der Frauen auf der Gesellschaft von Margot Weißmann dieselbe

---
[8] Weigel (2000: 135) [Hervorh. i.O.].
[9] Weiblich [Hervorh. v.m.].
[10] Musil (1929:102).

Farbe tragen (vgl. K 100) und eben diese beiden Frauen sich von den anderen unterscheiden und abgrenzen.

„Der Körper wurde durch Stoffe, Kleiderschnitte und Accessoires verhüllt, entblößt und geformt. Auch die weiblichen Leitbilder der Weimarer Republik wurden in besonderem Maße durch ihre Kleidung definiert."[11] Hier wird, dass was wir im vorigen Abschnitt schon betont haben noch besser formuliert. Das neue Frauenbild wird hervorgehoben durch die Kleidung und durch sie auch definiert.

Diese Leitbilder gelangen durch die Massenmedien zu einem Publikum, das seine Bedürfnisse befriedigen will und Ideale aus diesen Wunschbildern herstellt.[12] Das Bild, das von den Frauen über andere Frauen gemacht wird, ist eine Wiederspiegelung ihrer eigenen Projektion. Die Damen der „guten Gesellschaft" fühlen Neid und Eifersucht, wenn nicht ihre Projektion sondern einer anderen mithilfe der Medien in Zeitschriften wie zum Beispiel der „Frau im Bild" abgebildet wird (vgl. K 161).

3. Frauentypen

3.1 Die Berlinerin

Die Berliner Frau ist die schickste Frau der Welt (vgl. K 64). Im Roman werden sie zwar als schön, aber auch als oberflächlich charakterisiert. „Die Frauen haben schöne schlanke Beine. Schön ist die Berlinerin geworden, tüchtig und rasch. Sie sprechen von Schuhen, von Hüten, von Mänteln. […] Sie haben helle, leichte Frühlingssorgen." (K 32) Sie werden so beschrieben, als ob sie sich für nicht anderes interessieren würden, anstatt für Kleidung und Accessoires. Und da all das zu ihren äußeren Attributen zählt, ist die Berlinerin als „neue Frau" ein sehr attraktiver, modellierter Schönheitstyp, aber untauglich für die Bewältigung harter Alltagsrealität.[13] Somit haben sie keine wirklichen Sorgen, denn sie müssen eigentlich nur schick aussehen, besonders wenn sie in Cafés gehen, die am Kurfürstendamm liegen: „Sie waren herrlich maniküt und massiert und gesalbt und gerötet und geweißt." (K 43)

Trotzdem ist ihre einzige Sorge und Aufgabe einen reichen Mann zu finden, der sie ernährt und den sie heiraten und eine Familie gründen können. Aus diesem Grund

---
[11] Dogramaci (2005: 120).
[12] Vgl. ebd. (119 – 120).
[13] Vgl. Kluge (2006: 142).

müssen sie immer „suchende Augen für die Herren haben" (K 44). Auf den Gesellschaften, die wir vorher schon erwähnt haben, gibt es fast immer eine gute Gelegenheit einen möglichen Ehemann oder einen möglichen Liebhaber zu finden. Junge Frauen suchen Abenteuer hinter dem Rücken ihres Mannes und junge Mädchen versuchen in die Nähe der Herren zu kommen, um sie zu verführen (vgl. K 100). Die Berlinerin ist zwar die „neue Frau", die gebildet und berufstätig ist, aber auch dies ist nur der Mittel zum Zweck, bis zum Übergang in die Ehe.[14]

3.2 Das Girl

Eines der wichtigsten Frauentypen der Weimarer Republik ist das Girl. Der neue Frauentyp reduziert sich hauptsächlich auf junge, ledige und unabhängige Angestellte, da die Mehrheit dieser Frauen den sportlichen und karrieresüchtigen Girl-Typ verkörpert.[15] Das Girl wird im Roman anfangs nur erwähnt: „Ein Herr aus der Provinz bewegte sich voll Leidenschaft mit einem Girl." (K 39) Anschließend aber in einer Unterhaltung als neuer Frauentyp beschrieben. Es sind junge sechzehnjährige Mädchen, mit einem Kopf nur noch für die Frisur und nicht mehr für den Verstand, die eine Enttäuschung an der nächsten Generation sind, weil sie alles vergessen haben, wofür die Frauen mit der Emanzipation gekämpft haben (vgl. K 70). Nach Fräulein Dr. Wendland ist nach ihrer (Generation) „eine Generation gekommen, die alles vergessen hat." (K 71), aber nach Fräulein Dr. Kohler ist diese neue Generation reizend, sportlich und sehr gut gekleidet (vgl. K 71). Diese Diskussion zwischen den beiden Akademikerinnen zeigt uns die Meinungsverschiedenheit, die man zum neuen Frauentyp haben kann. Die einen bewundern ihn, die anderen verachten ihn.

Es wird im Zusammenhang mit dem Girl auch ein Beispiel gezeigt, das für die weiblichen Angestellten benutzt wird und sie in zwei Sorten der „neuen Frau" einteilt. In der Geschäftswelt gibt es Herren, die wenn sie ein Geheimnis von den Frauen entlocken wollen, dazu eine Flasche Wein benutzen. Die eine Sorte fällt auf den Trick rein und lässt sich von den Männern ausnutzen und die andere Sorte ist intelligent genug um das Spiel der Männer zu durchschauen und führt die Geschäftswelt an der Nase herum (vgl. K 71).

---

[14] Vgl. Friedel (1995: 80).
[15] Entwürfe (Internetquelle).

3.3 Die Garçonne

Die Garçonne[16] ist eine der neuen Frauentypen, weil die Mode und der sportliche, schlanke Leib sie dem Diskurs der „neuen Frau" nähern[17]. In unserem Roman wird sie von Käte Herzfeld verkörpert. Käte scheidet sich von ihrem Mann, den sie jung geheiratet hat und beginnt nach 10 Jahren Ehe ein neues Leben. Sie ist das Gegenteil einer Preußerin, weil sie keine Ordnung, Sparsamkeit und Unterordnung mag. Aus Protest zu ihrem Mann kokettiert sie sich für andere und gibt sehr viel Geld dafür aus. Kleidung, Vergnügen und Bildung haben sehr viel Wert für sie, weil sie diese Sachen früher nicht haben konnte. Da ihr Mann sie nicht sexuell befriedigen kann, ist sie ihm untreu gewesen. In ihrer Suche nach einem geeigneten Partner, trifft sie auf Miermann, der geistige Bildung, beruflichen Erfolg und Ehrgeizbefriedigung hat ihr ihre Weiblichkeit und gesellschaftliche Geltung bestätigt (vgl. K 35 – 36).

Trotzdem was ihr Miermann bietet, sucht sie weiter nach einem geeigneteren Partner und flirtet mit anderen Männern: „Klaus Michael Waldschmidt begleitete Käte. Der junge Waldschmidt war ihr sehr angenehm." (K 112) Für Käte scheint es sehr einfach zu sein Männer zu erregen, da eine kleine Berührung der beiden ausreicht um sie in Klaus Wohnung zu führen und ihr den Anschein zu geben, dass er verliebt in sie ist (vgl. K 113).

Nach außen zeigt Käte ein ganz neuer Typ zu sein, weil sie sich die Haare seit 1918 schneiden lassen hat (vgl. K 82) und somit den „Bubikopf" dieser Zeit verdeutlicht. Als Garçonne hat sie einen gut gebauten, schlanken Körper, weil sie Gymnastiklehrerin und somit sportlich ist. Sie hat rote Haare, ein geistiges Gesicht und eine große Nase. Sie versucht sich in der Welt und in der Gesellschaft Berlins hineinzumischen um bekannt zu werden, deshalb besucht sie Vorträge, Gesellschaften und arbeitet sehr anstrengend Kunden zu finden. Sie ist sehr intelligent, witzig und geistreich, aber ohne Kunstverständnis. Die Ehe, die Familie, das Staatswesen und die Wirtschaftsform findet sie falsch. Glück ist für sie, nur etwas was sich die Menschen einreden und dass es nicht existiert. Deshalb ist sie ein Mensch, der die Veränderung bewirkt, eine „Revolutionärin

---

[16] Die Bezeichnung *garçonne* geht auf das französische Wort *garçon* zurück, was „Knabe, Junge" bedeutet. Der *Garçonne*-Typ ähnelte durch sein äußeres Styling, sein Verhalten oder seine sportliche, knabenhafte, sehr schlanke Figur dem Mann und dies spiegelt sich dann auch in der Bezeichnung wider.
[17] Dogramaci (2005:120).

des Salons", weil sie nichts Handhabendes tut, sondern nur darüber spricht (vgl. K 35 – 36).

Nach Luise Otto-Peters sind politische Rechte eines der letzten Forderungen die Frauen stellen; „Bildung, Selbstständigkeit und Unabhängigkeit unter den Frauen […] zu fordern", steht im Vordergrund.[18] Dies ist auch für Käte der Fall, nach ihrer Scheidung versucht sie all diese Forderungen zu verwirklichen.

Käte ist die einzige Frau im Roman, die so ausführlich beschrieben wird. Es werden so viele Angaben zu ihrem Aussehen, ihrem Beruf und ihrer Persönlichkeit gegeben, damit wir uns ein klares und deutliches Bild verschaffen, was die Garçonne zur Zeit der Weimarer Republik wirklich gewesen ist. Die Rolle, die sie im Roman spielt, ist die der geschiedenen und berufstätigen Frau, die sehr viel Selbstvertrauen hat und die Männer für ihre Unterhaltung benutzt. Ihre Projektion ist die der Geschäftsfrau, weil sie eine große Rednergabe, Schönheit, Sexappeal hat und sehr klug ist. Sie ist ein kaufmännisches Talent (vgl. K 149). Aus diesen Gründen wird sie sogar von den Damen der guten Gesellschaft beneidet: „Das ist eine interessante Person. Riesig witzig und bildschön." – „Na, schön find ich sie nicht." (K 138) Das Bild, was Käte diesen Damen gibt, ist dass der freien und selbstbewussten „neuen Frau", obwohl sie das in Wirklichkeit nicht ist.

Käte verlangt, wie auch viele Frauen, nach Zärtlichkeit und Liebe, um das Menschliche wiederzufinden. Sie geht viele Affären ein, um ihre Sehnsucht nach einem Mann zu stillen und wird von Miermann vergewaltigt, weil sie ihn verletzt hat (vgl. K 211). Somit ist Käte Herzfeld als Garçonne zwar die „neue Frau", aber es gibt Ansätze die uns zeigen, dass sie auch die weibliche und mütterliche Frau in sich zurückverlangt.

3.4 Die Kurfürstennutte

Die Figur der Aja Müller spielt im Plot des Romans keine große Rolle, für uns aber spielt sie eine sehr bestimmte, denn sie ist die erste Frau die im Roman erwähnt und beschrieben wird: „Die Tür wurde aufgerissen, und es kam ein Duft herein, erst ein Duft, dann eine sehr große Frau." (K 14) Wenn wir uns nun die Aja Müller vorstellen, dann kommt uns sicher ihr Parfüm in die Nase und Federn von ihrem Pelzmantel ins

---

[18] Frevert (1994:65)

Gesicht. Und das ist wahrscheinlich auch einer der Gründe, warum Gohlisch sie *Kurfürstennutte*[19] nennt. Ihre Art alles aufzuwirbeln und jeden durcheinander zu bringen, benutzt sie um ihre Manuskripte und Artikel voranzutreiben (vgl. K 15). Aber ist das Bild der Aja Müller auch das Bild der „neuen Frau"?

„Denken wir an die Frau Mitte der zwanziger Jahre, so entsteht in uns das Bild einer gertenschlanken, charlestontanzenden Person in einem Hänger mit langer Zigarettenspitze, Perlenkette und Bubikopf."[20] Anhand dieser Beschreibung von Loresch können wir die Aja Müller als die „neue Frau" identifizieren. Ihr Aussehen ist die Projektion und mit anderen Worten, das was die anderen von ihr sehen. Ihren hellbraunen Pelzmantel, ihr schmales, gelbes Kleid, ihr blondes Haargelock und ihre schief sitzende Baskenmütze. Außerdem ist sie auch sehr stark geschminkt und hat ein junges kühnnasiges Gesicht. Niemand kennt sie, aber alle wissen wer sie ist (vgl. K 14 – 15).

So wie auch die Garçonne, benutzt sie Männer um beruflich und gesellschaftlich vorwärts zu kommen. Sie hat zwei Verhältnisse, eins mit einem Dramatiker und eins mit dem Sohn eines Bankdirektors (vgl. K 15). Sie überreicht ihre Manuskripte und Artikel Männern, bei denen sie Erfolg haben kann und die diese auch publizieren können (vgl. K 15). Ihre Artikel beschreiben ihre eigenen Erfahrungen und Erlebnisse, sind hauptsächlich an Frauen gerichtet und berichten über die Wahl der Modekönigin, die Reinigung der Nägel und den Besuch bei einer Filmschauspielerin (vgl. K 24 – 25). Da sie Autorin ist, muss sie gebildet sein, aber ihre extravagante Art macht sie unter manchen Männern wie Gohlisch unbeliebt.

3.5 Die Doktorin

Fräulein Dr. Lotte Kohler gehört auf den ersten Blick nicht zu den neuen Frauentypen, weil sie erstens mit ihrer Mutter in einer 10-Zimmer-Wohnung lebt und somit nicht selbstständig ist. Zweitens wird ihr Aussehen sehr wenig beschrieben, aber wie wir schon oben erwähnt haben, hat sie lange Haare und ist etwas fülliger als andere Frauentypen, wie zum Beispiel die Garçonne. Und drittens verliebt sie sich „Hals über Kopf" in einen Mann, der ihr nicht treu ist und sie nicht auf dieselbe Weise zurückliebt

---

[19] Beschimpfung [Hervorh. v. m.]
[20] Loschek (1995: 60)

(vgl. K 72). Ihre Beziehung zu Meyer-Paris wird nicht als koexistierende aber als einseitige beschrieben. Sie ist es, die ihm nachläuft und es sich selbst nicht eingestehen will (vgl. K 79). Dass es regnet, jedes Mal wenn sich die beiden treffen, hat eine symbolische Bedeutung (vgl. K 67, 74, 124). Schlechtes Wetter bringt oftmals schlechte Laune mit sich und diese breitet sich wenn sie sich treffen, auch in ihrer Beziehung aus. Sobald sie mithilfe eines Buches von ihm erkennt, dass Frauen sehr wenig Wertstellung bei Meyer-Paris haben, ist ihr klar wie wenig er auch über sie denkt. Nach der Realisierung ihrer aussichtslosen Situation fühlt sie sich ausgeplündert, einsam und lächerlich (vgl. K 87).

Lotte gehört zu den Frauen, die sich durch den sozioökonomischen Hintergrund ihrer Eltern ausbilden kann und einen Doktortitel bekommt. Ihre Erfahrung als Akademikerin hat sie zu einem Punkt gebracht, eine Karriere als Journalistin in einer großen Berliner Zeitung[21] zu beginnen und die Ehe nicht als Tatsache, sondern als Wahl zu betrachten. Das Bild das ihre Mutter von ihr macht ist nicht schmeichelnd, weil sie sich darüber Gedanken macht, warum ihre Tochter nicht den Dr. Brandenburg geheiratet hat (vgl. K 87). Für Frauen wie ihre Mutter bedeutet dies, dass dümmere Frauen bessere Chancen haben eine Familie zu gründen, als studierte Frauen wie ihre Tochter.

Kluge ist der Ansicht, dass Frauen in der Weimarer Republik eine ambivalente Position zwischen Diskriminierung und Bevorzugung haben, dass sie zwischen Unterordnung und Emanzipation und bei einem Versuch eines Rollenwechsels von der Abhängigkeit zur Selbstständigkeit auf männliche Vorbehalte und auf einen Widerstand der ideologisch vergreisten, dem mütterlichen Statusideal verpflichteten Frauenbewegung stoßen.[22] Dies ist auch einer der Gründe, warum Fräulein Dr. Kohler am Anfang des Romans noch nicht die „neue Frau" ist. Ihre Mutter und Meyer-Paris sind der Widerstand, die ihr die Entwicklung zum neuen Frauentyp versperrt haben.

Schließlich wird Lotte aber klar, dass sie sich entwickeln muss und diese Veränderung sehen wir anhand des abgeschnittenen Zopfes (vgl. K 202). Durch die Diskussion mit ihrer Freundin Fräulein Dr. Wendland erfahren wir, dass ihre Beziehung zu Meyer-Paris beendet sei (vgl. K 202). Es wird eine Parallele mit Käsebiers Karriere gezogen, um darzustellen wie kurz Liebegeschichten sein können, weil auch eine Karriere im Show-

---

[21] „Berliner Rundschau" (K 5)
[22] Kluge (2006: 144)

biz kurzfristig ist. Ihr Gespräch mit Miermann ist allerdings wichtiger zu erwähnen, weil er ihr erklärt, dass sie jetzt fünf Kinder hätte und nicht wüsste wer der Vater wäre und deshalb auch keinen Unterhalt bekommen würde, wenn sie nicht studiert wäre (vgl. K 203). Der Grund für diese Meinung, ist dass sie sich zu viel zu einfach in jemanden verliebt und nicht an die Auswirkungen dieser Beziehung in ihrem Leben denkt.

Hier sehen wir, dass Fräulein Dr. Kohlers Entwicklung im Verlauf des Romans, sie doch zum Schluss als „neue Frau" äußerlich, wie auch innerlich charakterisieren können.

3.6 Die Tochter

Mit der „Tochter" beziehen wir und auf Fräulein Ella Waldschmidt. Sie ist die Tochter von Herrn und Frau Waldschmidt und Ehefrau von Dr. Kaliski. Ella hat Kaliski nicht aus Liebe geheiratet, sondern weil sie 30 Jahre alt gewesen ist und ihr Vater zu einer Heirat mit einem Gleichaltrigen geraten hat (vgl. K 184). Somit wurde sie in eine unglückliche Ehe getrieben, aus der sie sich letztendlich auch befreit hat: „Frau Kaliski hielt es vier Jahre aus. Nun erfuhr sie, dass er noch dazu eine Freundin hatte."(K 184) Ella Waldschmidt ist eine der „neuen Frauen" nicht wegen ihres Aussehens, aber wegen ihrer Entfaltung im Privatleben. Sie scheidet sich von Kaliski und verlobt sich kurz darauf mit Willi Frächter. Ihre Projektion als „schöne und einsame Frau" hat ihn dazu gebracht sich aus Ehrgeiz in sie zu verlieben (vgl. K 204).

> Die meisten berufstätigen Frauen blieben im traditionellen Familien- und Verwandtschaftsmilieu mit seinen fest gefügten Normen, […]. Zwangsläufig passten sich die Frauen mehrheitlich den Gegebenheiten der männlich bestimmten Arbeits- und Lebenswelt an. Hierzu gehörte keineswegs ein permanentes Arbeitsleben, sondern die Ablösung durch Ehe und Mutterschaft.[23]

Nach Kluge ist die Situation in der sich Ella Waldschmidt befindet, etwas dass in der Zeit der Weimarer Republik sehr üblich für Frauen ist. Die Rolle als Hausfrau und Mutter wird immer noch von den Frauen der Weimarer Republik vertreten und Ella ist eine davon.

---

[23] Kluge (2006:142 – 143)

3.7 Die Damen der „guten Gesellschaft"

Die „gute Gesellschaft" besteht aus vielen Damen, die im Roman erwähnt werden. Das was alle diese Damen im Zusammenhang haben, ist dass sie in einer unterdrückten und patriarchalischen Gesellschaft aufgewachsen sind und trotzdem zum Typ der „neuen Frau" gehören. Wir werden uns mit zwei dieser Damen beschäftigen um ihre Rolle und Projektion auf andere zu verbildlichen.

3.7.1 Die überdrüssige Ehefrau

Konsulin Margot Weißmann ist für uns die überdrüssige Ehefrau, weil sie verheiratet ist und trotzdem Liebhaber hat. Als neuer Frauentyp ist sie vierunddreißig Jahre alt und sehr schlank, weil sie großen Wert auf die Mode und Kleidung legt (vgl. K 60 – 61). Ihr Mann ist sehr viel älter als sie und da er sie wahrscheinlich sexuell nicht mehr befriedigen kann, hat sie Affären mit anderen Liebhabern. Sie scheint enttäuscht von ihrer Ehe zu sein, deshalb braucht sie diese kleinen Abenteuer um sich wieder weiblich zu fühlen (vgl. K 70 – 71). Ihre Projektion wird von Meyer-Paris geschildert: „Margot, Sie sind doch schön, reich, elegant, Sie haben einen netten Mann und ein hübsches Kind, bloß wegen der Liebhaber?" (K 60) Ihre Reaktion zu diesem Kommentar ist die Liebe, die sie nicht unterschätzen will und immer noch in anderen Männern danach sucht. Sie gibt uns somit ein Bild einer intelligenten Frau, die sich nicht mit einer schwachen Liebe genügt, aber nach der großen und wahren Liebe Ausschau hält.

3.7.2 Die repräsentierende Ehefrau

Thedy Muschler ist die repräsentierende Ehefrau, weil sie und ihr Mann Bankier Muschler kein Vermögen mehr besitzen, aber noch den guten Ruf, den sie mit allen Mitteln versuchen aufrechtzuerhalten. Es werden nicht sehr viele Informationen über ihr Aussehen oder über ihre Person gegeben, aber dass sie mit ihrem Mann am Kurfürstendamm ein Theater vorbereiten, macht sie berühmt und deshalb erscheint sie in Zeitschriften, wie hier der „Frau im Bild" als Theatergattin (vgl. K 161).

„Dass diese modernen Frauentypen zu einem zentralen Thema der Weimarer Republik wurden, ist nicht zuletzt auf das massenhafte Aufkommen der Printmedien zurückzuführen."[24] Anhand dieser These von Dogramaci können wir Frau Muschler als „neue Frau" bezeichnen, weil ihre Projektion durch die Printmedien auch andere Frauen beeinflusst und ihre Abbildung in der „Frau im Bild" sie zu einem neuen Frauentyp macht.

4. Schluss

Im Verlauf dieser Seminararbeit, haben wir die vielen verschiedenen Aspekte der Rollen, Bilder und Projektionen der „neuen Frau" verdeutlicht und analysiert. Diese Aspekte haben sich auf sie Projektionen der Frau aus der Sicht der Männer, aus der Sicht der Frauen und auf die verschiedenen Frauentypen, wie zum Beispiel der Garçonne und des Gils, konzentriert. Bei jedem dieser Teilaspekte werden die Bilder, die die Frauen in der Gesellschaft der Weimarer Republik auf die andere Männer oder Frauen projizieren haben, stark betont. Die Veränderung des Frauen*bildes* ist das zentrale Thema dieser Arbeit und anhand vieler Beispiele wurde bewiesen, dass daraus das Bild der „neuen Frau" konstruiert wurde und viele Bereiche in der Industrie und Gesellschaft beeinflusst hat.

---

[24] Dogramaci (2005:119).

5. Literaturverzeichnis

Primärliteratur:

- Tergit, Gabriele (2004): *Käsebier erobert den Kurfürstendamm*. Berlin: Das Neue Berlin

Sekundärliteratur:

- *DEUTSCHE LITERATURGESCHICHTE: von den Anfängen bis zur Gegenwart*, 6., verbesserte und erweiterte Auflage, hrsg. von Wolfgang Beutin et al., Stuttgart, Weimar: Metzler 2001, S. 387-432
- Dogramaci, Burcu (2005): *Mode – Körper. Zur Inszenierung von Weiblichkeit in Modegrafik und -fotografie der Weimarer Republik*. In: Cowan, Michael / Sicks, Kai Marcel (Hg.)(2005): *Leibhaftige Moderne. Körper in Kunst und Massenmedien 1918 bis 1933*. Bielefeld: transcript Verlag, S. 119 – 135.
- Frevert, Ute (1994): *Frauen – bewegt Euch! Die Weibs-Bilder der bürgerlichen Frauenbewegung im 19. Und frühen 20. Jahrhundert*. In: Blum, Mechthild / Nesseler, Thomas (Hg.)(1994): *Weibsbilder. Das neue Bild der Frau in Gesellschaft und Politik*.. Freiburg im Breisgau: Rombach Verlag, S. 60 – 78.
- Friedel, Claudia (1995): *Komponierende Frauen im Dritten Reich. Versuch einer Rekonstruktion von Lebensrealität und herrschendem Frauenbild*. Hamburg: Lit Verlag
- Kluge, Ulrich (2006): *Die Weimarer Republik*. Paderborn: Ferdinand Schöningh Verlag
- Loschek, Ingrid (1995): *Mode im 20.Jahrhundert. Eine Kulturgeschichte unserer Zeit*. München: Bruckmann.
- Musil, Robert (1929): *Die Frau gestern und morgen*. In: Friedrich M. Hübner (Hg.): *Die Frau von morgen, wie wir sie wünschen*. Leibzig: Seemann, S. 218 – 225.
- Stephan, Inge (2000): *„Bilder und wieder Bilder ...". Überlegungen zur Untersuchung von Frauenbildern in männlicher Literatur*. In: Bontrup, Hiltrud/ Metzler, Jan Christian (Hg.)(2000): *Aus dem Verborgenen zur Avantgarde: Ausgewählte Beiträge zur feministischen Literaturwissenschaft der 80er Jahre*. Hamburg: Argument Verlag, S. 13 – 34.
- Weigel, Sigrid (2000): *Frau und „Weiblichkeit". Theoretische Überlegungen zur feministischen Literaturkritik*. In: Bontrup, Hiltrud/ Metzler, Jan Christian (Hg.)(2000): *Aus dem Verborgenen zur Avantgarde: Ausgewählte Beiträge zur feministischen Literaturwissenschaft der 80er Jahre*. Hamburg: Argument Verlag, S. 129 – 140.

Internetquellen:

http://is.muni.cz/th/11318/ff_r/rigorozni_prace.txt (abgerufen am 9.01.2011), Entwürfe der Neuen Frau im Roman der Weimarer Republik untersucht an Texten von Vicki Baum, Irmgard Keun und Marieluise Fleißer. (126 Seiten)

BEI GRIN MACHT SICH IHR WISSEN BEZAHLT

- Wir veröffentlichen Ihre Hausarbeit, Bachelor- und Masterarbeit
- Ihr eigenes eBook und Buch - weltweit in allen wichtigen Shops
- Verdienen Sie an jedem Verkauf

Jetzt bei www.GRIN.com hochladen und kostenlos publizieren